生き方のセオリー

運命をひらく

The Theory of Living Life

fujio hideaki
藤尾秀昭

致知出版社

生き方のセオリー　目次

第一章　言葉とともに生きる

第二章　運命を好転させるもの

第四章　学びが人間を創る

装　幀──川上成夫
編集協力──柏木孝之

第一章

言葉とともに生きる

求道の二人——坂村真民・相田みつをの言葉

昔、ある出版社の社長が
「もしキリストが現代に生きていたら出版をやっていただろう」
といったと、ある人から伺ったことがあります。
聖書に「初めに言葉あり。言葉は神とともにあり」
と書かれていますから、
それを思うと、なるほどと首肯《しゅこう》させられる言葉です。

東洋の古典にも
「文は道を貫く器なり」
「文は道を載せる所以なり」
という言葉があります。

文は道を貫く器であり、
道を千年の後の世に伝えるためのもの、
という意味です。

言葉というものの本質は、
洋の東西を問わず不変ということでしょう。

その言葉を生涯のテーマとして求道に生きられた
お二人の作品展がいま相田みつを美術館で開かれています。
「念ずれば花ひらく　～坂村真民と相田みつをの世界～」展です。

三月四日にはオープニングセレモニーがあり、
テープカットの大役を仰せつかったこともあり、
改めて両先生の作品を読み返し、
感じたことがあります。

これは以前にも書いたことがありますが、
普通、人が学ぶのは次の三つからです。

人から学ぶ、本から学ぶ、体験から学ぶ――です。
ただ、たまにこの三つを越え、
天から直接学ぶ人がいます。

お二人はどういう機縁《きえん》からか、
共に天から直接学ばれたようです。
そこにお二人の作品の独自性があります。
天から学んだ人の言葉は
人間の心の深淵《しんえん》に響いてくる力を持っています。

その意味で、お二人の言葉はこれから
百年、二百年後も生き続けるだろうと思います。

今回改めてその作品集を読み返し、
特に深く心にしみた言葉をここに紹介したいと思います。

まず、坂村真民さんの詩

三つの時の写真と
七十三歳の写真を
並べて見ていると
守られて生きてきた
数知れないあかしが

潮のように迫ってくる
返しても返しても
返しきれない
数々の大恩よ

こういう詩は若いときに読んでも
そう響かないかもしれません。
人生、ある程度の風雪を経ると、
しみじみと余韻をもって迫ってくる詩です。
あと説明はいれず、言葉だけを紹介します。

●追いつめられて
初めて人間は
本ものになる
だから本ものになるためには
絶体絶命の瀬戸ぎわに
立たされねばならぬ

●体の中に
光を持とう
どんなことが起こっても
どんな苦しみのなかにあっても

光を消さないでゆこう

●美しい花より
よい香りを持つ
花がいい
美しい人より
よい性質の
人がいい

●深海の真珠のように
ひとりひそかに
自分をつくってゆこう

次に相田みつをさんの言葉

●人生の的

ふたつあったら
まようよ
ひとつなら
まよいようが
ない
人生の的は
ひとつがいい

●ただ与える
それが布施
母親が子供におっぱい
をやるときのように

●あんなに
せわして
やったのに
『のに』が
つくとぐちが
出る

●水にぬれなければ
泳ぎはできない
全身ずぶぬれになれば
度胸がすわる

●欠点まるがか
えで信ずる

最後に、これは自らの骨髄に
徹しなければならぬと思った言葉をひとつずつ。

「本気・本腰・本物」――坂村真民

「生きているうち
はたらけるうち
日のくれぬうち」――相田みつを

『雨の日には……』文化出版局発行、等
©相田みつを美術館

松下幸之助さんの言葉

先日、弊社主催の「社長の『徳望《とくぼう》を磨く』人間学塾」で、
PHP元専務の岩井虔《けん》さんのお話をうかがいました。

岩井さんは二十八年間、
松下幸之助さんの身近にお仕《つか》えした人です。
それだけにその話は貴重な教えに満ち、
経営に携わる者にとって得難い学びの時間となりました。

その中で、私自身の心に、
特に深く残った話を紹介したいと思います。

岩井さんは松下さんが登壇されたビデオも
いくつか見せてくれたのですが、
その中に松下さんが外国の記者から
インタビューを受けているものがありました。

「ビジネスマンにとって一番大事なものは何ですか？」
という記者の質問に松下さんは
「それは愛されることです」
と即答されました。

そして、
「そのためには奉仕することです」
と付け加えられました。

シンプルな答えですが、
まさに本質をついたことを
さらりと言われる姿に深い感動を覚えました。

次に外国の記者は
「松下さんは『人間を考える』という本を書いているが、
その中に書かれていることを松下の社員はできていますか」

と質問しました。

それに答えて、松下さんは言います。

「近くのものは分からない。
こういうことは遠くにいる者の方から分かってくる。
そして、遠くの方が分かってきたら、
近くのものが分かってくる」

外国人記者のちょっと意地悪な質問に
松下さんはユーモアを交えて、
こう返されました。

現実というものをよく把握した人の言葉です。
仕事を通して、道に至った人でなくては
こういう表現はできないでしょう。

三つ目は岩井さん自身が松下さんの話を聞き、
深く心に留められた話です。
松下さんの言葉。

「知識は大事ですな。
しかし、知識だけでは役に立たん」

その通りですね。

「その知識に熱意を掛け算する。
そして経験をプラスする、
そこに知恵が生まれる」

拳々服膺《けんけんふくよう》したい深い言葉です。

最後に、こんな話もありました。

「百することがあって三つしかできていないと、

普通の人は〝百あるのにまだ三つしかできていない〟という。
しかし、松下さんは〝三つもできた〟といういい方をする人でした」

前者の言葉遣いだと、
大変だという思いに打ちひしがれてしまいます。
「三つもできた」と考えると、
そこに可能性が生まれ、未来がひらけてきます。

松下さんは常にこういう考えで
九十余年の人生を歩んでこられたのでしょう。

私たちもまた、その姿勢に学びたいものです。

「近くのものは分からない。
こういうことは遠くにいる者の方から分かってくる。
そして、遠くの方が分かってきたら、
近くのものが分かってくる」。

――松下幸之助氏の言葉

『プロフェッショナル100人の流儀』刊行に寄せて

「鳥のまさに死なんとするやその鳴くや哀し
人のまさに死なんとするやその言や善し」

という言葉が『論語』にあります。

鳥が死のうとする時に発する鳴き声は悲しく、
人の心にしみるものがある。

同様に、人が死の間際で遺《のこ》す言葉は深く胸にひびくものがある、
ということでしょう。

臨終の時に発する言葉だけではない、
一つの道を極めてきた人が
その人生の歩みの中で体得した言葉もまた、
今を生きる者の心を照らし、
潤してくれる――。

このほど刊行成った
『プロフェッショナル100人の流儀』を改めて通読し、
その思いを深くしました。

本書は今年（二〇一五年）創刊三十七年になる『致知』の記事の中から百人のその道の第一人者の言葉を選び出し、編集したものです。

いずれも、辛苦の体験の中から生まれた言葉で、それぞれがいぶし銀のような光沢を放って、読む者の心に迫ってきます。

例えば、人間国宝の講談師・一龍斎貞水《いちりゅうさいていすい》さんの言葉。

「教えてくれなきゃできないって言ってる人間には、教えたってできない」

というゴシック体の言葉のあとにこういう説明があります。

「〝貞水さんはあまり後輩にものを教えませんね〟

って言われるけど、

僕らは教えるんじゃなくて伝える役なんです。

伝えるということは、それを受け取ろう、

自分の身に先人の技を刻み込もうとするから

伝わっていくもの。

教えてくれなきゃできないって言ってる人間には、

教えたってできませんよ」

貞水さんも若い頃、師匠に言われたといいます。

「おまえたちは、日頃いかにも弟子だという顔をして
俺の身の回りの世話をしているくせに、
俺が高座に上がっている時、
それを聴こう、盗もうって気がちっともない。
ホッとして遊んでる。
俺が高座に上がっている時は、
どんなに体がきつかろうと、
お金を払って見に来てくださっているお客様のために
命懸けでしゃべってるんだ。
その一番肝心な時に、

聴いて自分から習おう、
盗もうって気がないからうまくならないんだ」

痛棒《つうぼう》、心魂《しんこん》を打つ言葉であり流儀です。

ケーキハウス　ツマガリ・津曲《つまがり》孝社長の言葉。

「九十九パーセントの力を出している時はしんどいが、
百十パーセント、百二十パーセントの力を出そうと
決意した時、その人の根こそぎの力が出てくる」

本当に人生で勝負した人ならではの言葉でしょう。

最後に、東北の古川商業高等学校女子バレーボール部を
全国制覇十二回の強豪チームに変えた
国分《こくぶん》秀男氏の言葉

「〝この苦しみが
俺を磨いてくれる。
これを乗り越えれば
一つ賢くなれる〟

これまでたくさんの人を見てきましたが、
概ね三つのタイプに分かれると思います。

一つは苦しくなると〝もうダメだ、無理だ〟と思う
〝絶望諦め型〟

二つ目は〝いやだけど、しょうがないからやるか〟という
〝消極的納得型〟

そして三つ目は〝この苦しみが俺を磨いてくれる。
これを乗り越えれば一つ賢くなれる〟と考える
〝積極的プラス思考型〟

結局、歴史に名を残すような偉人や成功者は、

三番目の人間からしか生まれません。

一、二、三のどのタイプの人間になるかは
考え方一つです。
お金がかかるわけじゃない、
努力がいるわけでもない。
時間もかからない。
物事の見方をちょっと変えるだけでいいのです」

人生の達人たちの紡《つむ》ぎ出した百様の流儀の中から
自分なりの流儀を摑《つか》み、
人生を勇躍していく人の一人でも多からんことを祈ります。

福島智著『ぼくの命は言葉とともにある』

このほど、福島智さんの
『ぼくの命は言葉とともにある』
を出版しました。

発売早々話題になり、
毎日新聞では「余録《よろく》」に、
読売新聞でも書評欄に
大きく取り上げてくれました。

福島さんにはこれまで幾度か
『致知』誌上にご登場いただいていますから
ご存じの方も多いと思います。

二〇一五年九月号でもご母堂《ぼどう》の令子さんと
親子対談をしていただいています。

福島さんは九歳の時に全盲となり、
十八歳で全ろうとなります。

三歳で右目が、九歳で左目がみえなくなる。
十四歳で右耳が聞こえなくなり、
十八歳で左耳も全く聴力を失う。

徐々に病魔が進行していく過程に、
母親の令子さんは身を切られるような思いだったといっています。

そういう中でも福島さんは、
常に明るく人に接し、自らよく勉励され、

東京大学の教授になられたのです。

全盲ろうになった時のことを福島さんは、
まっくらな真空の宇宙にただ一人放り出されているようだった
といっています。

その絶対孤独の中で、お母さんがふとしたことから、
福島さんの手に

「さ、と、し、わ、か、る、か」

と指点字を打ちます。
この指点字が通じた時、福島さんの心に歓喜が起こり、命がよみがえっていくのです。
その時の喜びと感動を福島さんは詩にしています。

＊

指先の宇宙

ぼくが光と音を失ったとき
そこにはことばがなかった

そして世界がなかった

ぼくは闇と静寂の中でただ一人
ことばをなくして座っていた

ぼくの指にきみの指がふれたとき
そこにことばが生まれた
ことばは光を放ちメロディを呼び戻した

ぼくが指先を通してきみとコミュニケートするとき
そこに新たな宇宙が生まれ
ぼくは再び世界を発見した

コミュニケーションはぼくの命
ぼくの命はいつもことばとともにある
指先の宇宙で紡ぎ出されたことばとともに

*

私は福島さんに出会い、そしてこの詩に出会った時、『論語』の堯曰《ぎょうえつ》二十の最終章の言葉の意味が真に分かったように思いました。

言《げん》を知らざれば、以《も》って人を知ることなきなり――。

言葉を知らないと、人を知ることはできない。

『論語』の末尾はこの言葉で締めくくられていますが、これは単に言葉を知ることをいっているのではない。

言葉を知らなければ、即ち言葉というものがなければ人としての命はない。

人間の命は言葉とともにある。

そのことを最終章の言葉はいっているのだと思います。

ぼくの命は言葉とともにあると、
福島さんはいいましたが、
「ぼく」だけでなく、
あらゆる人の命は言葉とともにある。
言葉がなければ人は人たり得ない一生物《いちせいぶつ》になる。
福島さんはそのことを身をもって私たちに教えてくれています。
先哲《せんてつ》の遺訓にまさるとも劣らない尊い訓言を
ここにみる思いがします。

第二章

運命を好転させるもの

人生の深奥——西端春枝さんのお話とご著書『随心』

一月も十五日、正月気分もすっかり冷めた頃でしょうか。

元日や　この心にて　世に居たし

昨年（二〇一二年）末に発刊した『安岡正篤活学一日一言』の一月二日に紹介されている俳句です。

元旦の朝に感じるようなさわやかな気持ちで一年をすごしたいとは

万人の願うところでしょうが、
浮世はなかなか、そうはさせてくれません。
同書一月一日には「年頭清警」が紹介されています。

年頭清警

一、残恨（残念なこと）**を一掃して気分を新たにする。**
二、旧習（ふるい習慣）**を一洗して生活を新たにする。**
三、一善事を発願して密に行ずる。
四、特に一善書を択んで心読を続ける。
五、時務《じむ》を識《し》って自ら一燈となり一隅を照す。

このうち一つでも実行し続ければ、一年は一年の成長を人に保証してくれると思います。
ぜひ一つでも続けたいものです。

さて、『致知』の二〇一二年十一月号の「生涯現役」に、元ニチイの創立者、西端春枝さんの話が出ていますが、この西端さんの話を読み、大変感動しました。

西端さんはいま真宗大谷派浄信寺副住職として篤志面接員のお仕事をされているそうですが、

こんな話をされています。

――受刑者と接して、どのようなことを感じておられますか？

西端　こんなことを言ったらご無礼かもしれないけど、自分は正しいと必死に思っている人が多いですね。話を聞いていると、旦那がトンズラしたとか、離婚状を突きつけて家を出ていったのが悪いとかという具合に、罪を犯した原因を自分以外のところに求めている。私にもいたらないところがあったのかもしれないとは、なかなか考えられないんですね。

だから物凄く苦しんでいて、そこから抜け出せずにいる。

西端さんがこういわれていることに、私は大変感ずるものがありました。
それは『致知』の三十五年に及ぶ取材を通して私なりに気づいたことと、
西端さんの話に符号するものがあったからです。

その西端さんが年末に『随心《ずいしん》』という本を送ってくださり、
その本にも深い感動を覚えました。
すばらしい話がたくさんありますが、
特に私の心を深く打った一話をここに紹介します。

〜【夜の雪】〜

江戸の中期、俳諧の宗匠《そうしょう》・西島さんのお話です。

「夜の雪」という季題を出され、何か世に残る名句をと苦吟《くぎん》しておりました。

ある夜、珍しく大雪となり、夜がふけるにつれて身を切るように寒さが厳しくなって参りました。

宗匠はさっそく矢立と短冊をもって、表に出ようといたしました。

奥さまは温かい着物と頭巾《ずきん》、高下駄と十分な身ごしらえを整えたのです。

そこで奥さまに

「ひとりでは淋《さび》しい、小僧を連れて行く、叩き起こしてこい」

小僧とは十二～十三歳で家貧しく、ふた親亡くし、
わずかな給金で西島家に奉公している子どもなのです。
昼は子守、掃除と疲れ果てて眠っています。
亡き母の夢でも見ていたのか、目に涙が糸を引いていました。

そこを急に起こされ、寝ぼけ眼をこすりこすり、
あまりの寒さに歯の根も合わず、ガタガタ震えながら宗匠に従う後ろ姿に、
奥さまがほろりと一滴の涙をこぼし、主人に言うのです。

わが子なら　供にはやらじ　夜の雪

「旦那さま、三歳で死んだ長男が生きていれば、
ちょうど同じ歳でございます。
草葉の陰の母上がどんな思いでこのありさまを見ておられましょう。
あなたは十二分な身ごしらえでございますが、
あの小僧は、ご覧なさいませ。
あかぎれの足に血がにじんでいます。
わが子なら連れて行かれませんでしょう」

と、奥さまの頭に浮かんだ句でした。

宗匠は

「悪かった、温かいものを作って食べさせてやってくれ」と、
ひとりで雪の中へ出て行かれたのでした。
旦那さまのお名前はわかりませんが、
奥さまのお名前は「西島とめ」と申されました。

※

人生の深奥《しんおう》をいくつも体験してこられた方ならではの話です。
深く心に響くものがあります。

『常岡一郎一日一言』に学ぶ

末路晩年《まつろばんねん》、君子宜《くんしよろ》しく精神百倍すべし——という言葉が『菜根譚《さいこんたん》』にあります。

物事の終盤、あるいは人生の晩年は、精神を百倍にして立ち向かっていけということでしょう。

また同じ『菜根譚』にこういう言葉もあります。

人を看るにはただ後の半截《はんせつ》を看よ。
人生の後半の生き方でその人の人物がわかるということです。

こういう言葉は若い頃はそれほど心に響いてはこないでしょうが、
人生も長い歳月を歩いてくると、
こういう言葉が深く心に響いてきます。

さて、以前に常岡《つねおか》一郎氏のことを紹介しましたが、
最近出張の折に、改めて『常岡一郎一日一言』を読み返し、
この人の言葉の威力に感動しました。

生死をかけて真理を摑んだ人ならではの言葉です。

例えば

●人間には幸福があったり不幸があったりする。
しかし人の幸不幸の差は神の愛の責任ではない。
神の愛を充分受ける資格を自分が持っているかどうかによるのである。
神のめぐみが少ないから、人間が暗い運命に泣くのではない。
大切にして貰う資格、条件が足りないからである。（11月24日）

●貧乏を嫌がるより貧乏と縁のない人間になる。
これが大切である。

貧乏人は金がないから貧乏しているように思える。
しかし貧乏とつり合う人には金は集まらない。
金が逃げて行く。（11月25日）

本当にその通りだと思います。
真理を端的に射抜いた言葉です。

そして、よい人生を生きる要諦を言葉をかえて示しています。
その要諦の一つ、
「『使い方』の修業」を紹介しておきます。

●この世の中そのままがわれわれにとっては道場であります。

生まれて死ぬまで人間は修業しているものと思われます。
それは「使い方」の修業です。
身体の使い方。心の使い方。金の使い方。力の使い方。
知恵の使い方。鮮やかな使い方。正しい使い方。
自然に添う使い方。気持ちよい使い方。
――それを毎日修業する。
そのための人生は心づくりの道場であると思います。（11月22日）

私はこの中で一番大事なのは心の使い方だと思いますが、
この度『常岡一郎一日一言』を改めて読み返し
常岡先生は運命を発展させる秘訣を生涯にわたって
説き続けた人だと思いました。

そして、運命を打開し発展させていくには
三つのことが大事だといっていると思いました。
これは先生がいっているのではなく、
先生自身が三つのことを実践し、
運命を発展させてきたのではないかと、
私が思ったのです。

では、常岡流運命発展の法則とは何か。それを次項でお伝えしたいと思います。

常岡流運命発展の法――運命の模様替え

前項の続きです。

常岡流の運命発展の三つの法について話したいと思います。

一つは、「**仕事に全力をしぼる**」ということです。

しぼり切ったものが自分に返ってくる、と先生はいっています。

これは別のところでは

「己から出たものは己にかえります」（『常岡一郎一日一言』３月23日より）

とも表現しています。

だから、仕事に全力をしぼる。
その姿勢が自分に返ってくる。
仕事をいやいや、やっていると、
それが運命になって返ってくるというのです。

「財産も富も、
その人の集めたものが残るのではありません。
その人が財や富や地位をつかむまでに絞った
心の姿と努力の結果が残るのです。
かりに非常に悪い心と、

人の怨みを買うようなやり方をして
富や地位をつかむとします。
そのときは、その悪い心の種と、
悪い天の理とが残るのです。
その人の将来や子孫には
その集めたものは
残らない日が来ます。
悪い種の姿として思わぬ不幸が続きます」

と氏はいいます。
これは本当にその通りだなあと思います。

二つは「**明るく感心のけいこをする**」（5月13日）

この表現も常岡先生らしいですね。

あらゆることはけいこをしないと、身につきません。

どんなことに出会っても、なるほどと感心する。

そのけいこを積んでおくことが

運命をよくしていく秘訣だと先生はいうのです。

このことに関して、先生はこんな言葉を残しています。

「**なるほどと得心《とくしん》がゆけば、**

大切な生命も金も物も捧げる。手放す。
これが人間の尊い一面である。
淋しいこと、悲しいこと、苦しいことも、
なるほどとはっきりうなずけば、
艱難《かんなん》の中にでも飛びこんで行ける。

心が悦《よろこ》びにあふれるときは、
どんな苦痛も身にはさらにこたえない。
これが、心の力によって立つ人間の尊さである。
長期の苦難になればなるほど、
この『なるほどの心』を
育てることが大切である」

三つ目は、
「いやなことでも、心のにごりをすてて
喜んで勇みきって引き受ける」
ということです。

物事をいやいや、不平不満を持ってやっていると、
それは心のにごりになり、毒になる。
喜んで勇みきってやると、それは徳になる、といいます。

これも本当にその通りですね。

うまいことをいうものだと感心します。
徳と毒に関する先生の名言があります。

「徳と毒はよくにている。
徳は毒のにごりを取ったものだ。
毒になることでも、
そのにごりを取れば徳になるのである。
どんないやなことでも、
心のにごりを捨てて
勇んで引き受ける心が徳の心だ。
いやなことでも、
辛いとかいやとか思わないでやる、

喜んで勇みきって引き受ける、
働きつとめぬく、
それが徳のできてゆく土台だ。
ばからしいとか、いやだなあという
にごった心をすっかり取って、
感謝と歓喜で引き受けるなら
辛いことほど徳になる」（4月11日）

闘病五千日、十五年。
辛い思いを続けて覚醒《かくせい》した人にして初めていえる言葉です。

ここに記した三つのことは平凡なことです。
しかし、これを身につけるのは至難の業です。

常岡先生はこれを五十年かけて実行し、
そして誰からもいやがられない人間になったといわれています。
先生の非凡たる所以です。

少し長くなりましたが、
年末なのでプレゼントも兼ねて、もう一つ、言葉をプレゼントします。
来年があなたにとってすばらしい一年になりますように。

「運命の模様替え」

常に勇んで生きる人に天の心が動く。
天の心が変って後に、
天命も天の恵みも変えられるのである。
粗末な汚れた今日の運命の着物を着せられていても、
燃えるような勇んだ心の持ち主には明日の美しい着物と模様替えされる。
人の運命の着物は親なる神にまかせねばならぬ。
泣いても、わめいても
自分の運命は自分で頂かねばならない。
逃れる道はない、明るいお礼心で迎え勇ましく働いて、
模様替えの始まるまでつとめきるより他はない。（6月9日／10日）

◎常岡流運命発展の三つの法◎

一、仕事に全力をしぼる。

二、明るく感心のけいこをする。

三、いやなことでも、心のにごりをすてて喜んで勇みきって引き受ける。

経営計画発表大会で話したこと

四月も中旬になりました。
桜の季節も過ぎ、
わが社の近くにある表参道は、けやき並木に新緑が萌え始め、
一年中で最も美しい季節になりました。

私どもでは毎年四月の上旬に、
全社員が一堂に会し、
経営計画発表大会を開催しています。

今年（二〇一六年）も四月九日に開催しましたが、
パート社員も含め、
全社員が壇上に立ち、
キリリとした表情で、
新たな期に向けて決意を発表する姿はいいものです。

全員が相互に啓発《けいはつ》を受け、
新たな一年に向けて、
全社の意欲が一気に高まります。

この大会も今年で二十三回目を迎えました。

毎年、いろんな話をしますが、
今年、強調したことの一つに、
「自分との約束を守る」があります。

これは簡単すぎて、
あまり意識されませんが、
人生を左右する要素です。

二〇一六年の『致知』一月号に、
世界的テニスプレイヤーとして活躍した
杉山愛さんのお母さんの
杉山芙沙子《ふさこ》さんの話が出ています。

その中で芙沙子さんは
「**実力を発揮できるかどうかは、普段の生活にかかっている**」
という話をしています。

そして、
「玄関の靴を揃える」とか、
「自分は毎日、本を十五分読む」というふうに、
どんな小さなことでも
「**毎日、これをやるんだと目標を自分で決めて、**
コツコツ積み重ねていくと、その子に自信が生まれるということもあります。
小さなことの積み重ねは、やがて

目に見えない自信につながっていくのです」

と話されています。

これは、本当にその通りだと思います。

そういえば、

映画評論家の淀川長治《ながはる》さんのことを何かで読んだことがあります。

淀川さんは毎朝、必ずしていることが一つある。

それは毎朝、目が醒めると、

こう言うそうです。

「きょうは○月○日（とその日の日付を言ってから）
きょうという日は一度しかない。
きょうも一所懸命生きよう。
だからニコニコしていこう」

淀川さんのあの笑顔は何十年にわたる自分との約束を守った結果、生まれてきたのでしょう。

もう一つ、強調したのは小さなリーダーよ出現せよ、ということです。

これはイトーヨーカ堂の専務を務められた
塙昭彦《はなわあきひこ》さんから贈られた
新書『リーダーへの伝言』の中に書かれていた話です。

ちなみに、塙さんは
イトーヨーカ堂の専務の時に、中国室長を命じられ、
中国にイトーヨーカ堂を新設すべく奮闘、
成功に導かれた人です。

その塙さんが
小さなリーダーの出現によって

企業は決まる、といっています。

会社は中堅幹部次第であり、
中堅幹部が、
「自分の部署は自分で守る」という
強い意志と行動力で立ち向かうしかない、
と断言しています。

またパートやアルバイトでも
指示を出す人・提案する人は
立派なリーダーであり、
そういう小さなリーダーが会社を伸ばす、

といっています。

そして、小さなリーダーたちへこう提言しています。

一、「ここが勝負どころ」と思うこと。

仕事をしているといろんなことが起こりますが、常にここが勝負どころと思って臨め、ということです。

二、できない上司、いやな上司がいても、自分が上司まで変えてやる、と思うこと。

三、成功しようと思うなら、
貧乏くじをひいたと思うな。
貧乏くじをひいたと思うと絶対に成功しない。
当たりくじと思うと、
アイデアも未来も広がっていく。

二〇一六年六月号の『致知』の特集は「関《かん》を越える」ですが、
先人は関を越えるための尊い教訓をたくさん残してくれています。

そういう教えに素直に学び、
新期もまた勇往邁進していきたいと思います。

きょうは〇月〇日
きょうという日は一度しかない。
きょうも一所懸命生きよう。
だからニコニコしていこう。

――淀川長治さんの言葉

第三章

忘れ得ぬ人との出逢い

東井義雄先生と小学一年生の作文

東井《とうい》義雄という先生がおられました。

姫路からJRで二時間ほど、兵庫県の但東町《たんとうちょう》というところで、長い間、教員を務められた方です。

この先生のことはこれまでも『致知』で何度か紹介させていただいています。

森信三先生ともご親交があり、森先生はこの方のことを「教育界の至宝」と評価されています。

その評価通りに、素晴らしい先生でした。

どのくらい素晴らしいかといいますと、教え子が五十年以上たっても、この先生の思い出を語り始めると、涙を流されるのです。

それくらい子どもたちに深い影響を与えられた先生だったということです。

「命をかけて作ったものはいつまでたっても生きている」

という言葉を私は信条としていますが、
東井先生はまさに教育に命をかけてこられたのだと思います。
だから、その仕事は何十年たっても、人々の心の中に生きているのです。

さて、その東井先生の講演録、『子どもの心に光を灯す』を
このほど出版することになりました。

二〇一一年に出版した『自分を育てるのは自分』の第二弾ですが、
その中で東井先生が一人の小学一年生の男子の作文を紹介しています。

その作文をここに紹介します。

こういう作文に、じっと目を注がれるところに、
東井先生の祈願が聞こえてくるような気がします。

~ぼくのむねの中に~　――小学一年生の浦島君の作文

「おかあさん、おかあさん」

ぼくがいくらよんでもへんじをしてくれないのです。

あのやさしいおかあさんは、もうぼくのそばにはいないのです。

きょねんの十二月八日に、かまくらのびょういんで、
ながいびょうきでなくなったのです。

いまぼくは、たのしみにしていたしょうがく一ねんせいになり、
まい日げんきにがっこうにかよっています。
あたらしいようふく、ぼうし、ランドセル、くつで、
りっぱな一ねんせいを、おかあさんにみせたいとおもいます。
ぼくはあかんぼうのとき、おとうさんをなくしたので、
きょうだいもなく、おかあさんとふたりきりでした。

そのおかあさんまでが、ぼくだけひとりおいて、

おとうさんのいるおはかへいってしまったのです。

いまは、おじさんおばさんのうちにいます。

まい日がっこうへいくまえに、おかあさんのいるぶつだんにむかって、「いってまいります」をするので、おかあさんがすぐそばにいるようなきがします。

べんきょうをよくしておりこうになり、おとうさんおかあさんによろこんでもらえるようなよいこになります。

でも、がっこうでせんせいが、おとうさんおかあさんのおはなしをなさると、ぼくはさびしくってたまりません。

でも、ぼくにもおかあさんはあります。
いつもぼくのむねの中にいて、ぼくのことをみています。
ぼくのだいすきなおかあちゃんは、
おとなりのミイぼうちゃんや、ヨッちゃんのおかあさんより、
一ばん一ばんよいおかあさんだとおもいます。

おかあさん、ぼくはりっぱなひとになりますから、
いつまでもいつまでも、
ぼくのむねの中からどっこへもいかずにみていてください。

※

この少年がその後どういう人生を生きたのか、
六歳までの母の愛が少年の人生を
最後まで支えたことを信じて疑いません。

なつかしき人、平澤興先生

平澤興《ひらさわこう》先生に出会えたのは私の財産です、と私は講演の時によく話します。

森信三先生、坂村真民先生に出会えたのも同じです。

初めてお会いしてからもう三十年近くが過ぎますが、年を経るごとに、「逢い難くして逢うを得たり」の思いを深くしています。

その平澤先生の二十五回忌が（二〇一三年）六月十七日に新潟で行われると、平澤先生の晩年、秘書としてよく仕えられた早川さんが教えてくれました。

当日は、私は所用があり参加できませんでしたが、没後二十五年、先生のお人柄と教えは今も温かく、私を導いてくれています。

平澤先生はお会いすると、人をホッとさせるような人格の力をお持ちの方でした。しかし、自分には相当厳しい人だったようです。

数年前、曽我・平澤記念館で、
平澤先生の同級生が先生を評した言葉に出会いました。

「平澤君は非常な努力家でありました。
人間努力をすれば最もすぐれたところまで進み得ることを
彼は身をもって教えてくれました」

同級生からこういう評価をされるほどの努力家であった、ということです。

そういえば、伝説的になっている先生の若かりし頃の勉強ぶりがあります。

先生は四高から京都大学医学部に入学するのですが、
これまでのような受身の勉強ではなく、
命がけの勉強をしようと決心し、
昼間は大学の講義を聞き、
夜は先生の話した外国の参考書を原典で読み、
そして自分独自のノートを作るという計画を立てられました。

それを全部やると、睡眠時間は四時間ほどしかとれません。
そういう生活をひと月ほど続けているうちに
先生はノイローゼのようになってしまいます。

そんなある日、
故郷の雪原《せつげん》を一人で歩いていると、
ベートーヴェンの言葉がドイツ語で聞こえてきたといいます。

「勇気を出せ。
たとえ肉体にいかなる弱点があろうとも、
わが魂は、これに打ち勝たねばならぬ。
二十五歳、そうだ、もう二十五歳になったのだ。
ことしこそ男ひとり、
ほんものになるか、ならぬかをきめねばならぬ」

二十五歳のベートーヴェンが耳の病気で絶望的になろうとした時に、自分自身を鼓舞すべく日記に書いた言葉です。

その言葉がドイツ語で聞こえてきたというから、すごいですね。

その言葉に励まされ、先生は自分を取り戻すのです。

そして、また新たな計画を立て直します。それは実習には出るが講義には出ず、その代わり原書を読むことに専念する、というものです。

担当教授に示された原書は一月から六月までで約三千ページ。それを朝二時に起きて、夜九時まで読む。予定のページがすむまでは寝ないという計画を立て、それを実行したのです。

まさに、非凡な努力です。

平澤先生は計画を途中でやめないためには、「**予定は自分の実力以内で立てること**」といっています。

一時間内に一ページ読める力があるなら、予定はその三分の二か半分にする。

一か月も三十日の中で、いろんな用事が出てくるから、
二十四、二十五日くらいにしておく。
そういう余裕のある計画を立てることが大事だといわれています。

平澤先生は八十九歳で亡くなられましたが、
その独特の人間的魅力と、
若年期の勉学に打ち込む姿は無縁ではないと思います。

平澤先生の語録『生きよう今日も喜んで』には
人生の達人たる先生のすばらしい言葉が

ちりばめられていますが、
私自身が心に留めている先生の言葉を
最後に紹介したいと思います。

「生きるとは燃ゆることなり
いざやいざ
進まんこの道
わが燃ゆる道」

勇気を出せ。
たとえ肉体にいかなる弱点があろうとも、
わが魂は、これに打ち勝たねばならぬ。
二十五歳、そうだ、もう二十五歳になったのだ。
ことしこそ男ひとり、
ほんものになるか、ならぬかをきめねばならぬ。

――ベートーヴェンの言葉

二十四年の歳月を経て届いた手紙

先日、書斎の整理をしていると、
一通の古びた手紙が出てきました。
差出人の名前を見ると、
森信三先生からのお手紙でした。
さっそく開いてみると、
先生独特の筆致《ひっち》でこう書かれていました。

*

もろひとの　思ひ知れかし　己が身の
誕生の日は　母苦難の日なりけり
―父母《ぶも》恩重経《おんじゅうきょう》―

九十三歳（満）
マヒの右手もて
森信三

＊

森先生が九十三歳の誕生日に、
私が何か贈り物をさせていただいたのでしょう。

その時の返礼のようです。
他に余計な言葉は一切なく、
ただこの父母恩重経の一語だけが記されていました。

森先生は明治二十九年九月のお生まれですから、
九十三歳の誕生日は平成元年九月、
いまから二十四年前にいただいた手紙です。

二十四年前に私がこの手紙をどのような思いで受けとめたのか、
はっきりは覚えていません。
しかし、二十四年たった今、
改めてこの手紙にふれて感じるのは

森信三先生の人生に対する真摯な姿勢です。
この手紙からは、先生の人生に向かう
烈々たる気迫が伝わってくるように思います。

多くの人は誕生日は祝ってもらう日と思っています。
しかし、あなたが生まれたその日は
母が何時間もの陣痛に苦しみ、
あなたを産むべく、生死をかけて戦った日だということを
忘れてはならないと、この言葉は教えています。

誕生日のたびに、先生は母の苦難を思い起こし、
自らの生き方を律しておられたのだろうと思います。

二十四年の歳月を経て届いた手紙は、
私を深い内省に導いてくれるものとなりました。
同時に、この手紙にふれ、
私は『森信三一日一語』にある先生の言葉を思い出しました。

「教育とは流水に文字を書くような果ない業である。
だがそれを巌壁《がんぺき》に刻むような真剣さで取り組まねばならぬ」

九十三歳の礼状一枚にも、
その精神が流れているように思います。

そういう思いをもって、
先生は生涯を全うされたのでしょう。
一道に精進する者の範とすべき言葉といえます。

最後に、これも森信三先生の生き方をほうふつさせる言葉。

「或《あるい》は寝《い》ね、或は厠《かわや》へ行き、
食をとり、更に学問をする等々、
その外形は千変万化すとも、
その根本に内在する一心の緊張は、
常持続、常一貫を要すと知るべし」

『森信三訓言集』に心を洗う

このほど、『森信三訓言《くんげん》集』という本が出版されました。

この本は、『修身教授録』と同時期、昭和十年代初め、大阪府天王寺師範の専修科の教室においての授業内容、風景を当時の三人の生徒が筆録し、まとめたものです。

一九六五年に発刊された『森信三全集』全二十五巻の中に収録されていたものが、五十年ぶりに一冊の本として復刊されたことになります。

「真理は感動をもって授受《じゅじゅ》される」といいますが、一読、心にひびく言葉にあふれています。

特に私自身の心の琴線《きんせん》にふれた言葉をいくつか紹介したいと思います。

「お互人間は、何時死ぬかも知れぬと覚悟して、現在の生活の全充実を期すべきである」

死は老少不定です。若いから長く生きる。

年を取っているから早く死ぬということはありません。

死はいつやってくるかわからない。

それ故に、現在を全充実をもって生きねばなりません。

人に深い覚悟を強いる言葉です。

「人間は片手間仕事をしてはならぬ。
やるからには生命を打込んでやらねばならぬ」

はっとさせられる言葉です。

次に

「人間の修養は一つずつである。

その時その時、自分の為《な》すべきことを正確に行うことである」

直面する一つひとつの出来事をいいかげんにせず、丹精を込めて取り組んでいくこと。

その繰り返しが自分を磨く修養になるということです。

次の言葉は、私たちが人生を生きる上で忘れてはならない言葉というべきでしょう。

「すべて一芸一能に身を入れるものは、
その道に浸り切らねばならぬ。

躰《からだ》中の全細胞が、
画なら画、短歌なら短歌にむかって、
同一方向に整列するほどでいなければなるまい。

つまり、わが躰の一切が画に融《と》け込み、
歌と一体にならねばならぬ」

こういう表現をされるところに
森信三先生のすばらしさがあると思います。
人生の達人は仕事の達人となることを証明してくれる言葉です。

そして、最後にこう付け加えています。

「それには先《ま》ず師匠の心と一体になるのでなければ、
真の大成は期し難い」

現実を知り尽くした人の言葉です。
もう説明は不要でしょう。

最後は訓言をじっくりと味読いただきたいと思います。

「その人の教養の無さと硬化とは正比例する」

「人は自己に与えられた境において、常に一天地を拓かねばならぬ」

「真に卓れた師は、容易に弟子をほめないものである。
確かな見当をつけていながら、
相手の心の弛《ゆる》むのを恐れて、
容易にほめないのである。
これ師の貴い思い遣りというべきである」

「人間というものは、
どうも何処かで阻《はば》まれないと、
その人の真の力量は出ないもののようです」

「人間の偉さは、その人の苦しみと正比例する」

第四章

学びが人間を創る

七歳の読書量はその国の将来を決める

――『心に響く小さな5つの物語』感想文コンクールに寄せて

若い社員がちょっと驚くべきニュースを伝えてくれました。
フランスの話です。
オンライン書店による無料配送を禁止する法案が可決されたというのです。
その裏には、独立書店、いわゆる「町の本屋さん」の保護があります。

フランスには約三千五百店の独立書店があります。
イギリスのそれは約千店ですから、
その多さは一目瞭然《いちもくりょうぜん》です。

これは文字文化に対する
フランスの伝統と愛着の深さの端的な表現ともいえます。

フランスのこの自国文化に対する誇りが、
オンライン書店の無料配送禁止法案を可決させた
バックボーンである、ともいえましょう。

これが日本ならどうでしょう。
自由な商行為を国権で禁止するとは何事か、
といった騒ぎになりマスコミはこぞって反対、
一般の消費者も有料よりは
タダのほうがいいというのが共通の感覚ですから、
フランスのような法案が日本で可決成立する可能性は、
ほとんどゼロといっていいようです。

しかし、日本の本屋さんが
深刻な状態にあることはフランスに劣りません。
その状態は書店数にもろに反映しています。

一九九九年、日本の本屋さんは約二万二千店ありました。
それが二〇一四年の現在は約一万四千店です。

十六年間にほぼ半減しているわけです。
この傾向は現在ただいまも続き、
年間に約五百店のペースで本屋さんがなくなっている、
という調査もあります。

外国人が日本に来て驚くものの一つに、
どんな町に行っても本屋さんがある、
ということがあります。

事実、日本の書店の多さは世界一です。
日本文化の根幹にあるものは活字文化である、
とさえ断言できるほどです。
ですが、その文化の在り方に陰りが出てきているのです。

このことは、単に書店数だけにとどまりません。
本屋さんの中身の変化にも現れています。
いま、書店の大部分の書棚を占め、
売れ行きの中心となっているものは、
コミック、雑誌、そして活字を主としたものといえば
ライトノベルと称される文庫本、ということになっています。

いやな言葉ですが、いわゆる〝軽チャー〟が幅をきかせ、活字に溢れたいわゆる〝書籍〟が駆逐されつつあるのです。書店の様相を見ても、活字文化の後退は否めません。

話は飛びます。

幕末期、アジアの多くが

西欧列強の植民地攻勢に蚕食《さんしょく》される中で、

なぜ日本だけが明治維新を成し遂げ、

独立を守ることができたのか。

その核心は、一般庶民の民度が高かったからだ、というのはいまや定説です。

それは具体的には識字率の高さである、
ということができます。

高い民度。

確かに幕末期、日本人の識字率の高さは突出していました。
それを支えたのが江戸時代に
全国に広がった寺子屋であったことは確かです。

当時、日本の人口は約三千万人程度でしたが、
寺子屋は二万とも三万ともいわれます。

全国津々浦々で文字に接する機会があり、文字を読む楽しみ、喜び、感動が日本人の感性を養い、民度を高め、それが力になったのです。
まさに、日本文化の核心ここにあり、です。

日本人が寺子屋を求め、文字を通して磨いた文化性。
この流れを現代に受け継いだのが町の本屋さんである、といっていいと思います。

活字を読むことで力を培っていく。

これは日本人の細胞にまで染み込んだ伝統なのです。

その伝統の反映が書店数の多さに表れていたのです。


その書店数が減っている。

書店の中身にも活字離れの傾向が出てきている。

この事実は看過できないものがあります。

評論家の谷沢永一《たにざわえいいち》さんも、

「活字を読むことほど、脳の前頭葉を活性化するものはない」

と言われています。

日本だけではありません。

イギリスの前首相ブレア氏も、

「七歳の児童たちの読書量が、将来の世界における英国の位置そのものである」

と発言しています。

書店数が減る。

活字を読む習慣が希薄になっている。

これは単に出版界がどうのこうのといったレベルの問題ではありません。

鉄は熱いうちに打て、です。
活字を読む楽しさ、喜び、感動を
次の世代を担う子供たちにぜひともつないでいく必要があります。

致知出版社が『心に響く小さな5つの物語』の
感想文コンクールを企画したのも、
この意図に立ってのことです。
この機会を通して、
活字にはスマホなどよりもはるかに広く深い世界があることを、
多くの子供たちに知って欲しいと思います。

活字を読む楽しさ、喜び、感動を一人でも多くの子供に知って欲しい、その一助になれば、と願わずにはいられません。

「学」の一字

山陰の方で、二十一歳の父親が
生後四か月になる赤ちゃんが
泣きやまないことに腹を立て
暴行を加え、死に至らしめたという事件がありました。

また、自らは働かず、
子ども手当を当てにして、
何人もの子どもを産み、

あげくに、そのうちの一人をうさぎ用のカゴで監禁し、窒息死させた若い両親もいました。

親が親たる役割を果たさず、子の命を奪ってしまう悲しい事件が相次いでいます。親が親として人間的・精神的成長を果たさぬまま、生理的にだけ大人になってしまった弊害がこのような悲劇をもたらしているのです。

明治期に、明治天皇の侍講《じこう》を務めた

元田永孚《もとだながざね》は『論語』を学ぶ意味について、
『論語』は最初に
「学びて時に之を習う、
亦説《またよろこ》ばしからずや」
とあることを捉えて、
「『論語』二十篇の大旨、ただこの学の一字なり」
といっています。

『論語』は二十篇（章）から成るが、
それをギュッと要約すると、
人間は学ぶことが大事だといっているのだ、
ということです。

続いて、こういいます。

「この学あれば、その天職を全うす。
この学なければ、その天職を失う。
この学達すれば、聖人となり、
この学達せざれば、庸愚（凡庸で愚かな人）**となる。**
この学明らかなれば、天下平らかに、
この学明らかならざれば、天下乱る」

そして、こう結論づけています。

「人間天下万事の成敗、
ただこの学の明暗にあるのみ」

人間が成功するのもしないのも、
よく学んでいるか、
学んでいないかの差によるのだということです。

まさに、元田永孚のいう通りです。
あえて付言すれば、
この「学」は学校の勉強のことではありません。
人間学のことです。

人として生まれてどう生きるべきか。
その立場に立つ者として、
どうあらねばならないか
——それを説いた教えが人間学です。

人間学を学ぶことは、
この世に生を受けた
すべての人に課せられた課題といってよいでしょう。

腹中書あり――吉田松陰の生き方

『致知』二〇一六年七月号の特集は「腹中書あり」。
『安岡正篤一日一言』の一月三十日に紹介されている「六中観《りくちゅうかん》」の中にある言葉です。

身心を養い、
経綸《けいりん》に役立つ
学問をする意と説明されています。

簡単に言えば、
腹中に哲学を持て、
ということだと思います。

『安岡正篤一日一言』には
黄山谷《こうさんこく》のこういう言葉も紹介されています。

「士大夫三日書を読まざれば
則ち理義胸中に交わらず。
便《すなわ》ち覚ゆ、面目・憎むべく語言・味なきを」

立派な人物でも三日、

聖賢の書を読まなければ、
本当の人間学的意味における
哲理・哲学が身体に
血となり肉となって循環しないから
面相が下品になり、
物をいっても言葉が
卑しくなってしまうような気がするものだ、
と安岡正篤先生は説明されています。

吉田松陰も「士規七則」の中で

「人古今に通ぜず

聖賢を師とせずんば
即ち鄙夫《ひふ》のみ。
読書尚友《しょうゆう》は君子のことなり」

と言っています。

読書を通じて古今の聖賢を師として学ばなければ卑しい人間になってしまう、ということです。

その松陰に、こういう逸話があります。
安政元年三月二十七日、

松陰は金子重輔と共に
伊豆下田に停泊していた
アメリカの軍艦に乗り込もうとして失敗し、
下田の牢につながれます。

一夜明け、松陰は牢番に
「昨夜、行李《こうり》が流されてしまって、
手元に本がないから、
何かお手元の本を貸してくれませんか」
と頼みます。

牢番はびっくりして

「あなたたちは大それた密航を企《たくら》み、
こうして捕らえられて獄の中にいるのだ。
どうせ重いおしおきを受けるのだから、
こんな時に勉強しなくてもいいのではないか」

この牢番の言葉に松陰はこう言うのです。

「凡《およ》そ人一日この世にあれば、
一日の食を喰らい、
一日の衣を着、
一日の家に居る。

なんぞ一日の学問、
一日の事業を励まざらんや」

（ごもっともです。
それは覚悟しているが、
自分がおしおきになるまではまだ時間がある。
それまではやはり一日の仕事をしなければならない。
人間というものは一日この世に生きていれば、
一日の食物を食らい、
一日の衣を着、
一日の家に住む。
それであるなら、一日の学問、

一日の事業を励んで、
天地万物への御恩に報いなければならない。
この儀が納得できたら、
ぜひ本を貸してもらいたい）

この言葉に感心して、牢番は松陰に本を貸します。
松陰は牢の中で金子重輔に向かってこう言ったといいます。

「金子君、
今日このときの読書こそ
本当の学問である」

渡部昇一著『人生を創る言葉』の中に出ている話です。

渡部先生もこの話に感動されたらしく、
こう付記しています。

「牢に入って
刑に処せられる前になっても、
松陰は自己修養、勉強を止めなかった。
無駄といえば無駄なのだが、
これは非常に重要なことだと思うのである。
人間はどうせ死ぬものである。
いくら成長しても

最後には死んでしまうことに変わりはない。
この〈どうせ死ぬのだ〉という
わかりきった結論を前にして、
どう考えるのか。
松陰は、どうせ死ぬにしても最後の一瞬まで
最善を尽くそうとした。
……これは尊い生き方であると思う」

腹中に書をもって生きた松陰の
面目躍如《めんもくやくじょ》たる話です。
私たちもかく生きたいものです。

人生の方程式と応用問題

『致知』は二〇一六年九月一日発行の十月号で、
創刊満三十八周年になります。

私は創刊の準備から携わりましたから、
ずいぶんと長い道のりを『致知』と共に学んできました。

仕事に育てられ、仕事を育ててきた人生だったと言えます。
その『致知』の創刊三十八周年の

記念号の特集テーマは「人生の要訣《ようけつ》」です。

人生を生きていく上で大事なことは何か——を、各界、それぞれの道を極めてこられた方々が話され、大変味わい深い特集になっています。

私自身も「特集総リード」に、この三十八年の仕事を通じて学ばせていただいたことを書いていますが、紙幅《しふく》の都合で収まりきれないものもありましたので、それをここに紹介したいと思います。

「十里の旅の第一歩
百里の旅の第一歩
同じ一歩でも覚悟がちがう

三笠山にのぼる第一歩
富士山にのぼる第一歩
同じ一歩でも覚悟がちがう

どこまで行くつもりか
どこまで登るつもりか

目標が
その日その日を支配する」

後藤静香《せいこう》さんの詩です。
平易な表現で、人生の要訣を示しています。
心に噛《か》みしめたい言葉です。

最近、刊行した

渡部昇一・平澤興両先生の『一日一言』にも、
心に留めておきたい人生の要訣が記されています。

まず『渡部昇一　一日一言』から。
幸運を引き寄せる秘訣について。

「運のいい人はものすごく苦労する道を選ぶ。
そして、失敗したら、
その原因は自分にあると考える。
全部自分のせいにする。
悪いことがあったら、
全部自分が至らなかったからだと考える」

次に逆境の時の心得について。

「人間の一生には、
『これは天命だ』といわなければならないことが
起こりうるものだ。
それには良い命もあれば悪い命もあるが、
とりわけ逆境に遭ったときの態度が何よりも重要なのである。

どんな逆境にあっても、
決して天を怨《うら》まず人を咎《とが》めず、
自らを信じて心穏やかに道を楽しむ。

『これは天命だ』と受け入れることが大事なのである。
するとき、霧が晴れるように視界が開けてくるものである」

二つの言葉はともに
人が人生を切り開いていく上で、
欠かせない視点であり、姿勢です。

そして、成功した人たちは
共通して、この言葉を実践しています。

次に『平澤興一日一言』より二つの言葉を。

「人は単に年をとるだけではいけない。
どこまでも成長しなければならぬ」

エリを正しめる言葉ですね。

そして、人生の要訣中の要訣を
平澤先生はこうくくっています。

「私が私の一生で最も力を注いだのは、

何としても自分との約束だけは
守るということでした。
みずからとの約束を守り、
己を欺《あざむ》かなければ、
人生は必ずなるようになると信じて疑いませぬ」

先人は、人生をよりよく生きるべく、
数々の方程式を示してくれています。
この方程式を使って、
いかに応用問題を解いていくかが、
各人の実力が問われるところです。

あとがき

人間学誌『致知』はこの十月号で創刊三十八周年になります。この間、各界の一流といわれる人たちにお目にかかり、インタビューさせていただく機会を得ました。その数は優に六千人を超えます。これは何にも勝る貴重な学びの場でありました。

歩いた道も歩き方もそれぞれに異なるはずの人たちのお話を心を澄ましてうかがっていると、そこに何か、一つの共通したものが流れているのを感じます。それは、人間の生き方には万人不変のセオリーがあることを思わせずにはおきません。

私は縁あって、『致知』の編集に三十八年間携わってきました。口幅《くちはば》ったいいい方をさせていただけば、三十八年間、人間学探究の一道に身を献じてきたといえます。その私の心にいま、響いてくるふたつの言葉があります。

一つはこの言葉です。

窮達《きゅうたつ》は命《めい》なり
吉凶《きっきょう》は人に由《よ》る

困窮に陥る。あるいは栄達《えいたつ》に恵まれる。これは運命であって人知人力を超えた世界だが、それを吉にするか凶にするかはその人次第である、ということです。

深く頷かせるものがあります。歴史上の偉人は皆、困窮の中から運命を飛躍させています。一方、栄達の中にいながら自らの人生を下落させていく人も枚挙《まいきょ》に遑《いとま》がありません。窮達は命なり、吉凶は人に由る――この言葉を骨髄に徹して知っておくこと。これは人生を発展させていくための大事なセオリーの一つだと言えます。

もう一つは、渋沢栄一翁が晩年、好んで揮毫《きごう》したという言葉です。

天意夕陽を重んじ
人間晩晴《ばんせい》を貴ぶ

夕日の美しさは格別です。一日を懸命に照らし続け、西の空を茜色に染めて沈んでいく夕日の美しさは感動的です。それは天が夕日のような生き方を重んじている現れに他なりません。

人間もまた、若くして才あり、もてはやされながら、晩年は見る影もないといった早成の人生ではなく、年とともに佳境《かきょう》に入り、晩熟、晩晴していく夕日のような生き方が貴い、ということを、この言葉は私たちに教えてくれています。

どうすれば晩晴の人生を築くことができるのか——そのヒントが本書の中の一流人たちの言葉に散りばめられています。それをくみとり、己の生き方に活かす方の一人でも多からんことを願ってやみません。

平成二十八年十月　爽やかな秋晴れの日に

藤尾　秀昭

本書は弊社より毎月一回発行しているメルマガ「致知出版社社長・藤尾秀昭の『小さな人生論』」（二〇一三年一月十一日～二〇一六年八月十五日配信分）を再編集したものです。

〈著者略歴〉

藤尾秀昭（ふじお・ひであき）

昭和53年の創刊以来、月刊誌『致知』の編集に携わる。54年に編集長に就任。平成4年に致知出版社代表取締役社長に就任。現在、代表取締役社長兼編集長。『致知』は「人間学」をテーマに一貫した編集方針を貫いてきた雑誌で、平成25年、創刊35年を迎えた。有名無名を問わず、「一隅を照らす人々」に照準をあてた編集は、オンリーワンの雑誌として注目を集めている。主な著書に『小さな人生論1～5』『小さな修養論1～2』『小さな経営論』『心に響く小さな5つの物語Ⅰ～Ⅱ』『プロの条件』『安岡正篤 心に残る言葉』『ポケット名言集「小さな人生論」』『活学新書「ポケット修養訓」』『人生の大則』『長の十訓』『小さな人生論ノート』『心に響く言葉』『生きる力になる言葉』などがある。

生き方のセオリー

平成二十八年十月二十日第一刷発行

著者　藤尾　秀昭

発行者　藤尾　秀昭

発行所　致知出版社

〒150-0001 東京都渋谷区神宮前四の二十四の九

TEL（〇三）三七九六―二一一一

印刷　㈱ディグ　製本　難波製本

落丁・乱丁はお取替え致します。　（検印廃止）

ISBN978-4-8009-1128-5 C0095

ホームページ　http://www.chichi.co.jp

Eメール　books@chichi.co.jp